AF242864

RAPPORT

Fait par le citoyen BRIVAL,

*Au nom du comité de sûreté géné-
rale, relativement aux papiers
trouvés chez le citoyen ROLAND,
et inventoriés par les commissaires de la Convention.*

IMPRIMÉ PAR ORDRE DE LA CONVENTION

NATIONALE.

CITOYEN,

DES inculpations graves se manifes-
tent de toute part contre l'ex-ministre
Roland ; on l'a accusé d'avoir voulu
corrompre l'esprit public, tandis que
ses affidés soutenoient qu'il s'occupoit

A

utilement à répandre la lumière et à propager l'instruction.

C'est dans ces circonstances que la Convention nationale, acquiessant aux demandes qui lui étoient faites depuis long-temps, a cru utile de faire inspecter les papiers de l'ex-ministre, déjà suffisamment averti par la publicité de ces demandes, à ne présenter à nos recherches que ce qu'il croiroit ne pas pouvoir justifier les soupçons élevés contre lui.

Mais quelque temps qu'il ait eu pour se préparer à cette inspection, quelque soin qu'il ait mis à prendre toutes les précautions que son intérêt lui suggéroit, il est resté parmi ses papiers des traces qui nous paroissent indiquer qu'il a existé un complot pour corrompre l'esprit public.

Ce n'est pas en transmettant des opinions au peuple, que nous remplissons le devoir qui nous est imposé de l'éclairer ; c'est au contraire en ne dissimulant rien : c'est en mettant sous ses yeux tous les faits desquels il doit lui-même tirer les conséquences, que nous faisons connoître son desir et sa volonté.

On retarderoit l'affermissement de la liberté, si on se conduisoit, dans le moment présent, comme les gens de cour se conduisent avec les tyrans. Fasciner les yeux du peuple pour le tromper, l'aveugler, l'enivrer pour le conduire, le corrompre, le dégrader jusqu'à l'avilissement pour l'enchaîner ; ce seroit exercer la plus cruelle de toutes les tyrannies.

Si telle a été la conduite de Roland, le moindre reproche qu'on puisse lui faire, c'est d'avoir voulu exercer un odieux monopole sur l'esprit public. Si uniquement occupé de se faire passer pour un homme essentiellement nécessaire à la chose publique, il n'a employé que les intrigues les plus basses, les agens les plus vils et les moyens les plus perfides, il doit être montré à la nation tel qu'il est : s'il n'a été que trompé par ses suppôts, tout doit être rejeté sur eux, et on ne peut blâmer que son imprévoyance ou sa foiblesse.

Tâchons d'éclairer le peuple, et de le préserver à jamais des manœuvres de tous les imposteurs. C'est dans cette vue, citoyens, que votre comité de

sûreté générale , après avoir fait imprimer toutes les pièces qui peuvent
répandre quelques lumières sur cette
affaire , m'a chargé de vous faire part
de ses observations, qui ne seront pas
longues.

Neuf lettres non signées , écrites
par Gadol , chargé par Roland ou par
son épouse , de propager l'esprit public , indiquent ce que Roland enten-
doit par l'esprit public , qu'il vouloit
propager aux dépens de la chose
publique.

L'auteur de ces lettres s'y peint lui-
même, comme chef d'une bande sala-
riée : ce chef, l'un des principaux
agens du ministre, n'étoit occupé qu'à
lui faire des partisans ; ce n'est pas
l'amour de la liberté qu'il prêche, ce
ne sont pas les principes d'égalité qu'il
veut répandre, mais la foi *au patriarche* : c'est ainsi qu'il nomme Roland.

Les idées politiques , que sous les
auspices de l'ex-ministre, que ce corres-
pondant cherchoit à répandre , paroissent n'avoir d'autre but que de le
perpétuer dans le ministère ; aussi
annonce-t-il qu'il a prouvé, que si la
Convention nationale nomme les ministres , ce n'est qu'à titre *de corps*

(5)

électoral seulement, et qu'une fois nommés, elle ne peut pas les renvoyer ; leur envoi fut-il sollicité par l'expression fortement prononcée d'une partie de la république. C'est sur-tout l'indispensable nécessité d'une garde départementale, que le fidèle agent cherchoit à prouver, pour seconder les vues du ministre et de son épouse. « Rien de plus juste, disoit-il, le 21 octobre, que les motifs de la citoyenne, en faveur de la garde départementale,...... cette garde aura lieu ; l'impression de son horreur diminue ; dès que l'on verra le moment favorable, on le saisira ; et dans tous les cas je me charge, s'il le faut, soit d'en faire la motion, soit d'employer tout autre ressort et tout autre agent (dont il explique en détail les moyens et les ressources.) Il s'environnera, ajoute-t-il, de toute l'influence de son faubourg ; j'y ajouterai la mienne. »

Par quelle voie cet homme se procuroit-il de l'influence ? quels moyens employoit-il pour faire illusion sur celui qu'il nommoit le *patriarche*, et que d'autres appeloient le vertueux Roland ? les menaces, les violences, les promesses, l'argent et la plus crapuleuse ivrognerie.

Entouré de gens parmi lesquels il plaçoit quelquefois une homme à grande moustache, (geolier au Temple) et le citoyen Gonchon, qu'il avoit inutilement tenté de séduire, il disposoit les groupes où l'on se permettoit de critiquer l'administration de Roland, ou de manifester des doutes sur la pureté des intentions de ses amis ; il distribuoit à des désœuvrés l'argent que le ministre lui fournissoit ; il entretenoit leur paresse en fournissant à leurs besoins ; d'un côté, comme il le dit lui-même, il se faisoit *craindre et haïr*, et de l'autre côté, il se faisoit regarder comme un oracle. « En leur donnant à dîner, dit-il, en fraternisant avec eux de manière à leur laisser croire qu'on admire leur patriotisme, et en les plaçant, par le moyen du vin, dans cet état de franchise et d'abandon qui fait tout découvrir, il est facile de les détourner, moyennant qu'on leur donne un moyen d'exister ; j'en ai fait l'expérience. »

Il dit ailleurs : j'ai cru entrevoir un pressant à-propos pour faire accepter 5o livres à cet homme , parce qu'il avoit besoin d'offrir quelques verres de vin à ses acolytes du faubourg , dans la crainte qu'ils ne tombassent dans l'assoupissement moral , faute d'un entregent bachique : quand j'en rencontre , dit-il encore , s'emportant trop , je les fais bien dîner , et je les vois devenir des moutons à mesure que leur estomac fait fortune... Tout mon monde ne voit en moi qu'un ardent patriote qui caresse et choisi les défenseurs de la patrie , qui fait amitié à leurs enfans, et qui devine leurs besoins , leur prête, ou donne à l'enfant le moyen d'acheter un beau joujou , bien persuadé que le ménage en tirera un autre parti. « *Tout mon monde ne voit en moi qu'un ardent patriote*! Ce langage ne décèle-t-il pas que l'homme qui le tenoit, savoit bien qu'il étoit autre chose; que le ministre et son épouse , auxquels il écrivoit, le connoissoit aussi sous un autre rapport; et les moyens honteux que cet homme employoit par ordre du ministre , ne prouvent-ils pas qu'ils étoient l'un et l'autre aussi loin du républicanisme que de la vertu qui en est la base ? Est - ce en corrompant le peuple qu'on peut se flatter de lui donner un esprit public ? est-ce en séduisant l'enfant par de riches joujoux que la mère convertit bientôt en d'autres coli-fichets ? est-ce en conduisant le père au cabaret, en troublant sa raison par l'ivresse, en procurant à l'ouvrier le moyen facile d'*exister* sans tra-vail, qu'on peut espérer de rétablir les bonnes mœurs ? est-ce par cet emploi des trésors de la république, qu'on se montre plus jaloux de mé-riter la confiance de la nation, qu'am-bitieux de la gouverner ?

Les plus dangereux ennemis de la république ne sont pas ceux qui l'at-taquent à main armée, ce ne sont pas même les scélérats qui secouent sur nos têtes les torches de la dis-corde ; mais plutôt ceux qui, pour sub-juguer la plus libre des facultés de l'homme, le jettent dans un avilis-sement qui dégrade l'espèce humaine.

Les ennemis extérieurs seront vain-cus ; la vérité peut sortir du choc des

passions individuelles : mais notre ré-
génération deviendroit impossible , si
la corruption étoit plus long-temps
réduite en système , et si, sous pré-
texte d'éclairer le peuple , on s'obsti-
noit à l'avilir. Jamais le peuple ne
connoîtra la vérité ; si au lieu d'ap-
planir les routes qui y conduisent ,
on prétendoit la lui transmettre par
la voie d'un oracle ou avec les pres-
tiges d'une illusion mensongère , ou
en troublant sa raison par des bois-
sons enivrantes.

J'ai parcouru, disoit encore l'émissaire de Roland : « j'ai parcouru la
« dévotion réfractaire , l'aristocratie
« nobiliaire . . . . . . *Nous n'avons*
« *d'ennemis* enragés que les vocifé-
« rans des sections , des groupes , la
« morgue des bourgeois hupés. » Ils
ne regardoient donc pas ces corrupteurs de l'esprit public , ils ne regardoient donc pas comme leurs adversaires, les partisans de l'ancien régime;
mais tous ceux qui paroissent jaloux
de la liberté, et qui ont le plus grand
intérêt au rétablissement de l'ordre.

Est-il étonnant, d'après cela, que
lors du renouvellement des adminis-

trations de Lyon , à la formation de
quelles l'influence du ministre échou
un de ses amis lui ait écrit : n'atte
dez aucun secours des *négocians*
des ci-devant nobles. Faut-il che
cher l'interprétation de ces mots d
rapportés : *tout mon monde ne v*
en moi qu'un ardent patriote : et
ceux-ci : *en leur donnant à dîne*
en fraternisant avec eux de mani
à leur laisser croire qu'on adm
leur patriotisme , en les mettan
par le moyen du vin , en cet é
de franchise et d'abandon qui f
tout découvrir , il est facile de
détourner , moyennant qu'en l
trouve un moyen d'exister , j'en
fait l'expérience.

L'émissaire de Roland n'avoit do
de son aveu , que le masque du p
triotisme , une fraternité hypocri
une admiration de commande , et l'
bitude criminelle d'arracher aux p
triotes leurs secrets pour en abuser

Ces détails nous éclairent sur
opérations du ministre , et sur la r
ture de l'esprit public qu'il cherch
à répandre.

On le retrouve , cet esprit pub

à chaque ligne de cette correspondance qu'on ne peut lire qu'avec toute l'indignation qu'elle inspire.

Pour effacer, s'il est possible, ces fâcheuses impressions, hâtons - nous de jeter les yeux sur les lettres écrites par quelques-uns de nos collègues au ministre, et trouvées parmi les papiers de Roland, quoi qu'elles fussent presque toutes adressées à son épouse,

Je m'abstiendrai de les analyser, ces lettres, pour n'être pas taxé de rigueur, mais elles seront transcrites au long, et répondront au reproche que Roland et des journalistes gagés, nous ont fait, d'avoir paru mettre quelque importance à une correspondance qui, selon eux, ne contient que des relations de société, des communications d'intérêt et de confiance. Je déclare ici également que les commissaires de la Convention ne se sont point fait représenter la correspondance de madame Roland, et qu'ils n'ont examiné d'autres papiers que ceux qui étoient depuis long-temps sous le scellé et dans le seul cabinet du citoyen Roland. J'observe que d'après, ces commissaires ont vu , et ce que le public verra , ils étoient peut-être en droit de demander la correspondance de la citoyenne Roland , ce qu'ils n'ont point fait ; et j'ajoute que le juge de paix dit , après que l'opération fut finie , que non - seulement il auroit examiné toutes les lettres dont il s'agit , mais qu'encore il en auroit mis de côté un plus grand nombre.

L'assemblée nationale et la France entière jugeront si , dans un moment où plusieurs de ses membres s'accusent réciproquement d'avoir employé leur crédit personnel auprès du ministre pour faire obtenir des places ou des graces à leurs protégés , nous devions regarder comme indifférentes toutes les lettres dans lesquelles on faisoit de pareilles demandes ; si nous pouvions regarder comme uniquement adressée à l'épouse , celle où un député dit ; *je lui envoie pour son mari et pour Lanthenas , une note de patriotes à placer ; car il doit toujours avoir une pareille liste sous les yeux....tout aux amis :* enfin , si nous devions regarder comme simple *communication d'estime* la lettre d'un autre député à la citoyenne, ou après avoir rendu compte de ce qu'on lui écrit de Marseille, il ajoute : « La même lettre renferme un plan d'attaque contre Constantinople, pour obtenir la réparation de l'insulte de la Porte, qui a refusé l'ambassadeur Sémonville ; mais vous sentez bien que je ne vous le communiquerai pas, car Danton ne veut pas que vous soyez ministre. »

Les auteurs de ces lettres ne perdent rien de leur réputation, à ce qu'elles soient imprimées ; les hommages dont elles renferment quelquefois l'expression, sont de nature à ne blesser en aucune manière celle qui en paroît l'objet. Les autres lettres écrites au citoyen Roland, doivent également être publiées, puisqu'il le demande ; et les uns et les autres ne peuvent qu'approuver cette publicité.

Un objet plus intéressant est la correspondance de Dumourier avec Roland : la première pièce est la copie d'une lettre *confidentielle*, écrite par celui-ci à Dumourier le 16 août 1792, par laquelle il lui *offre sa correspon-*

dance particulière et son appui dans le conseil.

On peut douter que cette pièce soit la première, quand on lit dans une lettre écrite par Dumourier à Roland, qu'il rappelle une autre lettre de lui du 15 ; mais toute cette partie de correspondance devant entrer dans un autre rapport relatif aux trahisons de Dumourier, et à la recherche de ses complices, nous avons cru devoir les remettre au commissaire qui en est chargé, qui les avoit lui-même réclamées, et qui ne manquera pas de les rendre publiques.

Nous nous abstenons pareillement de ne tirer aucune conséquence d'une lettre du ci-devant général Montesquiou, écrite du camp devant Genève, le 22 octobre 1792, et qui est conçue en ces termes :

« Lorsque j'ai reçu la lettre que vous venez de m'écrire, je venois de signer la convention pour l'évacuation des Suisses, j'ai su, dès le principe de cette affaire, que mes principes étoient d'accord avec les vôtres, et cela m'a confirmé dans l'opinion que j'avois, etc.

Toutes les autres lettres, telles que celles écrites par l'épouse de Lafayette, par le chevalier saint-Disier, par un anonyme employé auprès du ci-devant prince royal, et adressée à Lacuée, lors président de l'Assemblée législative, ou par d'autres que des fonctionnaires publics vous paroîtront sans doute peu importantes ; mais elles prouveront notre exactitude à vous présenter tout ce qui pourroit fonder ou détruire les soupçons qui se sont élevés sur les correspondances de l'ex-ministre.

Il me reste cependant à vous rendre compte de quelques pièces d'un genre tout différent, et qui se sont trouvées, je ne sais par quel hasard, dans les papiers de Roland. Ce sont diverses adresses à Louis Capet, des 20 et 21 juin de l'année dernière, et par lesquelles on lui demandoit d'un ton impérieux, le rappel du ministre Roland, en lui présentant, comme règle de conduite, cette fameuse lettre du 10, qui a fait tant d'honneur à son *auteur*.

Comment ces adresses se trouvent-elles entre les mains de Roland, toutes en original, et revêtues d'un grand nombre de signatures, à l'exception d'une qui n'est qu'une simple copie ?

Roland n'étoit plus ministre lorsqu'elles furent adressées à Louis : les auroit-il retirées de ses bureaux lorsqu'il est rentré dans le ministère ? ou a-t-il pris sur lui de se les approprier, afin de les conserver comme un témoignage flatteur pour son amour-propre ? ou les auroit-il reçues directement, après les avoir dictées lui-même pour épouvanter l'homme qu'il vouloit faire marcher à son gré ? ou enfin les auroit-il retirées de l'armoire de fer *avec tant d'autres papiers.*

Roland s'est plaint de ce qu'un des commissaires avoit joint aux pièces une lettre qu'il avoit envoyée à sa femme, et par laquelle il l'entretenoit des affaires publiques. Ce n'est pas ce commissaire qui mit de l'importance à cette pièce : mais l'empressement que le mari et la femme mettoient à conserver ce chiffon dont le contenu n'étoit pas bien clair ; joint à l'obscurité du langage, déterminèrent les deux commissaires à les conserver ; car tous deux furent d'accord à cet égard. Vous les auriez jugés, citoyens, coupables de négligence, si vous aviez appris que dans une mission délicate ils avoient cédé aux instances de l'ex-

ministre

ministre et aux sollicitations de sa femme.

Le comité de sûreté génerale a cru convenable de faire imprimer toutes les pièces dont je viens de vous rendre compte ; parce qu'il importe que la nation connoisse les moyens qu'on peut employer pour captiver l'opinon publique et la maitriser pour son intérêt particulier.

La découverte de cette manœuvre, employée par des intrigans , (car je n'en accuse encore ni Roland, ni son épouse) préviendra désormais ces opinions factives que trop souvent on a regardées comme le vœu du peuple , et qui n'étoient qu'un jeu de machines mises en mouvement par une main adroite ; elle préservera le peuple des pièges qu'on ne cesse de lui tendre , et il reconnoîtra que l'homme qui le détourne de son travail est un corrupteur , ét que les largesses d'un perfide cachent les plus noirs projets.

Timeo Danaos et dona ferentes.

La classe industrieuse rendue à elle-

B

même , à sa bonté naturelle , à la pureté de son instinct , ne concevra que des opinions justes et qui affermiront , éterniseront la république que vous avez fondée.

Comme Roland a écrit que les lettres dont j'ai parlé ne sont que des avis anonymes qui lui paroissent dictés par le zèle ou le bon esprit d'un observateur qui fréquentoit les lieux publics , ce qui est une sorte de dénégation que l'auteur eût une mission particulière , je crois devoir observer que cet homme , dont les lettres n'étoient pas signées , et que le comité est enfin parvenu à découvrir , recevoit , de la part de Roland ou de son épouse , des sommes destinées à faire boire et manger ceux dont il vouloit travailler l'esprit ; aussi écrivoit-il : » Il faudra me faire passer par l'allemand Gobel une somme de 600 livres au moins , ce soir, en assignats de 5o livres , de 5 livres et quelques-uns de plus petits. » Elles prouvent , ces lettres , que Roland et son épouse lui écrivoient : on lit dans l'une , *votre mot d'hier m'est utile* ; dans une autre, *rien de plus juste que les motifs de la concitoyenne* ; et dans toutes on voit une manière de rendre compte qui suppose des ordres précédens, une organisation corruptrice dont Gadol étoit le principal agent, et que cet homme avoit des sous-ordres et des satellites connus du ministre.

Pour parvenir à cette découverte, le comité a mandé le nommé Gonchon désigné pour avoir reçu 50 livres pour faire une pétition concertée avec Roland ; Gonchon a désigné ce Gadol, qui s'est trouvé absent depuis quelque temps. L'inspection des papiers qu'il a laissé, a fourni des preuves de comparaison de son écriture avec les lettres par lui écrites à Roland ou à son épouse. Toutes ces lettres constatent qu'il est l'auteur de celles dont s'agit, et qu'il avoit reçu du conseil exécutif provisoire des commissions particulières pour la Belgique.

Cet intrigant et sa clique s'étoient vendus à Roland. Gadol demandoit de l'emploi, tantôt dans les collèges, tantôt dans les affaires étrangères auxquelles il se croyoit également propre ; et quoiqu'il flagornàt, ainsi que bien d'autres , Roland et sa femme ; il est à remarquer que ses corrupteurs ne partageoient pas plus que lui l'illusion qu'ils vouloient faire aux autres sur le ministre. Voici le compte que l'un d'eux , (le citoyen Salvador) rendoit à Gadol de la situation de Paris, le 8 février dernier.

» Vous me demandez des nouvelles de Paris ; je vais vous satisfaire : Paris est toujours calme comme il l'a été dépuis l'ouverture de la Convention. *Le ministre Roland , qui souhaitoit du trouble dans Paris*, n'ayant pas pu y réussir , a fini par demander sa démission ; et l'homme qui, trois jours auparavant, placardoit de vouloir vivre et mourir à son poste, finit, trois jours après, par le quitter. Oh! inconséquence des hommes ! quand on marche de bonne foi dans une carrière politique, on est plus modestement pour le bien général, et on pense moins à soi qu'aux autres. »

D'après cette lettre signée et authentique, Roland ne faisoit point illusion

à ceux qui l'approchoient ; ils le pei-
gnoient aux autres bien différent de
ce qu'ils le voyoient eux-mêmes : aujourd'hui que le masque est tombé ,
que tout est dévoilé , c'est au public
à prononcer , c'est à son jugement
que vous devez renvoyer toutes ces
manœuvres : le comité n'a pas cru
devoir prendre aucune conclusion
particulière ; l'assemblée prononcera
à cet égard ce qu'elle jugera convenable.

Copie d'une lettre de Gadol, à la citoyenne Roland.

15 Octobre 1792.

JE suis bien aise que l'on suspende la discussion de cette prétendue garde prétorienne : le silence de l'assemblée à cet égard, les tue.

Il y aura et il faudra une garde quelconque ; et les gens sensés le conçoivent. Pourquoi, me demandent les crieurs ? parce que c'est à Paris où résident les titres, l'argent, et en général la chose entière de la République. Mais nous les garderons bien nous-mêmes ; n'avons-nous pas bien gardé jusqu'à présent ?

Non, puisque vous avez laissé piller le garde-meuble ; puisque votre ville est le réceptacle de tous les voleurs, le foyer de tous les incendiaires.

A-propos, ce bon homme, auteur de la pétition, se trouve, sans s'en douter, environné des agens du trouble, et notamment lié avec celui qui devoit s'emparer de Roland. Le pauvre diable n'a pas cette souplesse et ce tact moral qui conviennent à un pareil rôle : je suis fort embarrassé pour lui dessiller les yeux. Où je parviendrai à l'arracher de pareilles mains, ou je retirerai ces hommes de dessous leur hideux drapeau, pour en faire les agens d'une meilleure cause.

Il faudra me faire parvenir, par l'Allemand

Gobel, une somme de 600 livres au moins, ce soir, en assignats de 50 livres et de 5 livres, et quelques-uns de plus petits, s'il se peut. J'ai déja bien dépensé, et j'ai besoin de me faire des amis; car je me fais craindre et haïr. Une petite fête remet les choses; et dans une conversation, au dessert, je persuade, je découvre des projets. Enfin, on semble, ou vouloir me convertir, ou m'attirer dans le parti, comme opposant trop gênant. Ma fermeté particulière et ma fonction intime avec des Marseillais aussi braves que raisonnables, me donnent une force et un crédit de patriotisme qui déconcerte.

Il est heureux que la saison rende la terrasse des Tuileries et les autres lieux de ce genre impraticables. Ces messieurs trouvent moins de sots; patience! ça ira.

P. S. En leur offrant à dîner et fraternisant avec eux, de manière à leur laisser croire qu'on admire leur patriotisme, et en les plaçant, par le moyen du vin, dans cet état de franchise et d'abandon qui fait tout découvrir, alors il est facile de les détourner, moyennant qu'on leur ouvre un moyen d'exister; j'en ai fait l'expérience: j'ai cru découvrir que le trouble qui commence est attisé par les envieux des députés et ministres, dont j'ai parlé plus haut; par des administrateurs ou commissaires des sections à la Ville, que le règne des lois annihile ou réduit à des comptes;

B 4

par des aristocrates , et enfin par tous ceux qui existoient dans le tourbillon contraire à l'ordre social.

Paris est sans administration ; il faut que les plumes , les langues et les corps des vrais patriotes agissent à-la-fois d'ici à quinze jours.

Copie d'une lettre en date du 10 *octobre* 1792 , *écrite par Gadol à la citoyenne Roland.*

10 octobre 1792.

Il existe un parti qui se prononce dans Paris , contre les députés et les ministres dépeints sous la dénomination du parti *Brissotin.* Les émissaires de ce parti appuient leurs furieuses déclamations sur l'apparence du plus ardent patriotisme , et le connoisseur y a vu la rage de l'agonie d'une coterie Marat, Robespierre , etc.

Il a crié si haut aujourd'hui , et ses calomnies étoient si barbares , que les sages s'en sont alarmés. L'état actuel des choses ne me semble néanmoins offrir aucun moyen répressif, si ce n'est la présence de gens éclairés qui discutent, avec une sage fermeté , les fausses assertions de ces désorganisateurs , afin de détruire ou d'atténuer au moins l'effet de leur venin.

On voit que ces hommes tendent à exciter de la méfiance contre les hommes les plus précieux de la Convention nationale, à faire naître des inquiétudes, à amener la fureur, et à profiter de tel ou tel degré d'intensité de cette fureur, pour arriver a leur but.

L'évidence de ce parti m'a paru fondée, sur ce qu'après avoir vaincu plusieurs de ces agens dans différens groupes, ils s'en alloient aussi-tôt en créer un autre hors de mon athmosphère ; et dès qu'ils me voyoient approcher, ils diminuoient l'outrance de leur thèse.

Le moyen de les vaincre consiste à se trouver là sans aucune apparence de partialité, et à parler paisiblement sur tout. Afin d'éviter ce violent froissement d'idées qui décèle ou fait soupçonner l'esprit de parti, il suffit de prier le parleur d'articuler quelques faits propres à éclairer la religion des citoyens, pour qu'ils cherchent à former un autre groupe dont l'ignorance lui présage un meilleur succès.

Ces apôtres d'une nouvelle sédition sont accouplés à ces sabreurs du 2 septembre, que je compare à des tigres oisifs qui lèchent en murmurant leurs griffes pour y découvrir encore quelques gouttes du sang qu'ils viennent de verser en attendant le nouveau. Ces hommes sont plus faciles à ramener que les déclamateurs ; il suffit d'appaiser leur estomac.

La pétition en question ne put avoir lieu hier, par un contre-temps incalculable. J'en vis l'auteur qui m'en parut affligé, mais qui espère sur dimanche prochain ; et dans ce cas, il faudra que cette pétition prenne le langage du jour : j'y ferai attention.

D'après mes recherches, il m'a paru évident que Danton, appuyé des moyens pécuniaires du caméléon Dumouriez, soutenoit seul ce grand mouvement à l'aide d'écrivains d'un patriotisme : aussi fanatique qu'impérieux ; à l'aide de ces exécuteurs du 2 septembre, et enfin à l'aide de la stupide crédulité ou du cœur gangrené de tous ces hommes devenus importans par ces nominations brusques, soit à la ville, soit dans les sections, soit enfin dans les départemens, en qualité de commissaires de la part de la coterie Danton : à ces hommes se trouvent toujours accolés tous les aristocrates, les commissaires de la ville ou des sections actuellement inquiets pour leur compte à rendre, les députés jaloux de ne pas dominer dans tel ou tel comité, ceux du comité de surveillance de la ville, qui ont signé des mandats d'amener, et qui craignent l'œil du public dans une menée si obscure ; enfin tous ceux qui vivent de ce mouvement, et qui attendent leur bonheur de son succès.

Il m'arriva hier de découvrir enfin, par l'exécuteur même de ces mandats d'amener, que tandis que Roland auroit été amené, on auroit fait la visite de ses papiers pour y découvrir quelques relations secrètes avec Brissot; mais la suite de la conversation me fit voir évidemment que c'étoit plus particuliérement à Roland que l'on en vouloit, à cause de son influence dans la Convention pour le choix de ses collègues, à cause du crédit que son génie et ses vertus lui donnoient dans les départemens, et en général à cause du pouvoir qu'il avoit acquis sur l'esprit d'un monde dont la religion morale s'élevoit trop au-dessus de l'atteinte des cabaleurs plus rusés qu'instruits, et dont l'espoir ne peut être placé que dans une petite Saint-Barthelemi, ou au moins dans le succès d'une crise un peu hardie.

Je vois avec consolation qu'en soutenant mon fil d'observation pour déjouer à-propos, et en éclairant l'esprit des justes, ces malheureux clabaudeurs, à trois livres par jours, sont de plus en plus déroutés. J'ai maintenant affaire à leurs limiers : c'est une secte facile à combattre par la raison, parce que ce sont des hommes qui ont eu le malheur de se croire auteurs ou philosophes avant d'avoir réfléchi ; ce ne sont que des outres remplies d'air que la raison froisse aisément.

Nota. La suite de cette lettre a été mise par erreur à la tête des pièces justificatives, *pag.* 15, sous la date du 15 octobre.

Copie d'une lettre adressée à la citoyenne Roland, sans signature ; cette lettre est du citoyen Gadolc.

Le dimanche 21 octobre.

Rien de plus juste que les motifs de la concitoyenne, en faveur de la garde départementale ; mais il est impossible de toucher à une corde aussi délicate dans cet instant-ci. Les agitateurs qui craignent cette garde, en ont investi l'existence d'une teinte si monstrueuse, qu'il seroit grossièrement impolitique d'en parler dans l'assemblée. Cette garde aura lieu ; l'impression de son horreur diminue, et les bons esprits commencent à en sentir la plausibilité. Dès que l'on verra le moment favorable, on le saisira ; et, dans tous les cas, je me chargerai, s'il le faut, soit d'en faire la pétition, soit d'écrire en faveur de cette garde : des principes en appuient la nécessité ; et la négligence de la garde de Paris justifie sur-tout cette nécessité. Cela viendra : je me suis simplement efforcé de faire changer quelques idées hétérogènes à la circonstance, pour y en substituer de plus conformes. L'homme à la pétition n'est pas encore assez convaincu de la vérité qui sollicite cette garde : je dispose son imagination à la sentir ; et si j'y réussis, il s'environnera de tous les influens de son fauxbourg : j'y ajouterai les miens ; et dans l'intervalle, je livrerai progressivement à la discussion des oisifs, quelques idées claires en faveur de cet établissement. L'hydre baisse la tête, mais il s'impatiente de la relever. Laissons-le donc s'étouffer sous le manteau de son hypocrisie. Quand les corps administratifs seront organisés, et que l'anarchie s'effrayera, la raison fera tout ce qu'elle voudra. Le peuple veut le bien ; il est seulement malheureux qu'il se trompe sur le moyen d'y parvenir.

J'ai cru entrevoir un pressant à-propos pour faire accepter cinquante francs à cet homme: son besoin a prévalu sur une délicatesse qui m'a fait plaisir. Je crois qu'il seroit sage de lui donner plus souvent, et moins à-la-fois: il vit dans un généreux abandon de ses affaires domestiques, afin de n'obéir qu'à son penchant oratoire, qui dégénérera en folie dès que la vérité toute nue dédaignera le costume des phrases. Les hommes ne tarderont point à parler, et les singes se tairont sous peu.

La raison pour laquelle je lui ai fait accepter les 50 liv., étoit fondée sur ce qu'il auroit besoin d'offrir quelques verres de vin à ses acolytes du fauxbourg, dans la crainte qu'ils ne tombassent dans l'assoupissement moral, faute d'un entregent bachique. Cet homme est, dans tous les cas, d'une grande utilité par son influence, et il est respectable par la pureté de ses intentions. Ne hasardez jamais de lui proposer l'entreprise d'une démarche qu'il n'auroit pas sentie, en lui laissant entrevoir un sort à la suite de son succès. M...... lui ayant fait sentir le besoin de cette garde, lui avoit, je crois, présagé qu'il y auroit du commandement; eh bien ! il a mal vu cet alléchement. Il s'ouvre entièrement à moi. Il en est de même de ce sapeur à large sabre, qui est concierge du Temple; enfin tout mon monde ne voit en moi qu'un ardent patriote, qui caresse et choie les défenseurs de la patrie, qui fait amitié à leurs enfans, et qui devine leurs besoins; leur prête, ou donne à l'enfant de quoi acheter un beau joujou, bien persuadé que le ménage en tirera un autre parti. Cela me procure des camarades respectueux et très-dévoués. Je vous préviens de tout ceci, afin qu'aucune clarté ne vous échappe au sujet de ma tâche.

J'amenerai Peuchon et les autres en faveur de la garde : je connois les issues de leur intelligence. Allons doucement.

Ne seroit-il pas à-propos de faire traduire en espagnol quelques écrits patriotiques, et les envoyer prêcher la liberté dans ce pays d'esclavage, à l'aide des contrebandiers qui pullulent sur les limites des deux royaumes ? Je m'en vais combattre autour de l'assemblée la horde désorganisatrice qui ne manquera pas de s'élever contre la pétition. La plupart sont des ex-commissaires revenus des départemens; je ne sais dans quelle intention on a choisi de pareils forcenés pour aller prêcher la paix dans la république. Je frémis ; ou leurs chefs étoient des scélérats ou des ignorans fanatiques. Oh ! l'horreur! que dira l'histoire?

Bon jour, loyale concitoyenne: soyez tranquille ; ça va.

Copie d'une lettre écrite par Gadolle, *à la citoyenne* Roland.

La journée d'hier fut très-orageuse : les partisans de Marat et les désorganisateurs essayèrent de mettre le feu et la flamme dans les foibles esprits , que le dimanche faisoit abonder autour de la salle. Nous avons suffoqué tout ce que nous avons pu , et la raison n'a pas été domptée. Il est heureux qu'on n'ait pas agité l'affaire du corps armé, car il s'en seroit suivi un trouble fâcheux.

L'homme à la pétition , désespérant d'être admis à la barre, et s'étant fourré en tête que le parti Brissot entravoit son admission, sortit plein d'une fureur écumante ; il me trouve heureusement le premier : il me saisit , il s'exclame d'une manière effrayante contre ceux qu'il avoit à défendre. Tous les partis sont ou criminels ou mal-adroits à ses yeux; il voit sa patrie perdue ; et moi, je vois un fou difficile à calmer ; enfin, après quelques verres d'eau , il reprend ses sens , retourne à l'assemblée sur ma parole ; il y est admis, et il en sort satisfait. Je vais l'aller voir ce matin.

Ne seroit-il pas possible de soustraire l'assemblée à l'influence des tribunes, toujours composées de deux tiers de têtes salpêtrées? Il me semble n'y voir que des membres exaltés des sociétés fraternelles , jacobines , etc. C'est une masse de combustibles à la disposition des agitateurs adroits ; aucune force armée ne lui en imposeroit ; le martyr semble être son vœu : que chacun rêve à un moyen ; voici déja le mien :

1°. Qu'il soit distribué dans toutes les sections un nombre égal de cartes d'entrée ; que ces cartes soient ensuite réparties par tour égal, à tous les citoyens, sauf par eux à y venir, ou à les donner à leur voisin qui désire y aller. Cette marche seroit juste et sans réclamation fondée ; elle rendroit toute coalition difficile , par le défaut de connoissance entre les arrivans à la tribune.

2°. Qu'il soit fait une réserve de places affectées aux frères des départemens , par l'intermédiaire de leurs députés.

3°. Une petite réserve pour les étrangers , etc. Je

Je ne vois aucun inconvénient à ce régle-
ment, et je vois qu'il en résultera un motif
de calme et de grande justice : au moins
sera-t-on débarrassé de cette gale politique
qui tourmente tout ce qui l'approche.

Cela fait, les agitateurs perdront l'espoir
d'influencer dans la salle ; leurs adhérens
députés seront plus modestes ; l'hiver écar-
tera les groupes extérieurs, et tout se fera
paisiblement. Marat, Robespierre, etc., sont
perdus dans le bon esprit : Danton sera assez
fin pour les abandonner ; semblable à la taupe,
il a employé des voies couvertes ; mais le
temps le jetera au grand jour, le nez cou-
vert de boue. Quels patriotes, grand dieu !

La force armée aura lieu : elle est nécessaire
à Paris où sont déposés les objets les plus
précieux de la république ; elle a donc le droit,
et il est de sa prudence comme de son devoir, d'y surveiller. Il suffira de ne pas paroî-
tre vouloir cette force à titre de garde spéciale
de la Convention ; mais à titre de garde con-
servatrice des individus et des choses appar-
tenantes à la masse de la république. Le
garde-meuble a été volé, malgré la prétendue
vigilance de nos clabaudeurs : ce fait les tue
quand je le leur oppose. J'espère être bientôt
débarrassé de mon fastidieux rôle ; il me
répugne et me brouille avec les hommes. Oh
les sots, les méchans ! Ici c'est un ignorant
entêté ; là un cauteleux renard ; ailleurs une

tête boursoufflée d'une savante ignorance, et ce dernier est un ex-moine ou prêtre ; l'autre, plein de bonne-foi et d'érudition, veut un ordre de choses que la théorie approuveroit, mais que la pratique démentiroit ; c'est un peintre qui crée des tableaux sans consulter la nature. Je vous assure, loyale concitoyenne, que le désir de seconder votre zèle et de calmer les inquiétudes d'une ame aussi droite que la vôtre, me soutient seul dans ce moment-ci. Je verrois ma patrie d'un mauvais œil, si quelques êtres *rares* qu'elle possède ne venoient tempérer mon indignation. Quand je vous aurai apporté le rameau d'olivier, je vous prierai, si faire se peut, de me faire procurer une mission pour aller traiter de nos intérêts chez l'étranger. Je parle des langues ; vingt années d'instruction publique m'ont fait des amis zélés dans différens pays, sur-tout en Angleterre et en Espagne. J'ai l'habitude de voir les choses en masse comme en détail ; je connois assez les fils qui meuvent la poupée humaine ; je suis père de cinq enfans survivant à plusieurs autres, que mon excellente femme a nourris : voilà mes titres, et je défie à votre cœur, ainsi qu'à celui du patriarche, de ne pas me seconder.

Après quelques années de service public, je me propose de me reposer à l'écart des humains, et de trouver mes dernières délices dans l'étude de la simple nature.

Copie de la lettre écrite par la citoyenne Roland, *par* Gadolle.

Du 10 Octobre.

Je vis hier l'homme à la pétition ; il tient à quelques tournures oratoires dont l'idée principale n'exprime rien. Nous devons nous rendre à dîner chez moi aujourd'hui ; mon motif tend à obtenir de lui la suppression de mots, pour y substituer des choses analogues à la circonstance , que je connois parfaitement.

Le patriarche a tué ses ennemis par la loyauté de ses comptes , et Danton reste suspendu dans un doute décourageant pour ses amis ; cet état de choses concentre la rage de ses aboyeurs ; mais cette rage ne cherche pas moins à se faire jour , à la faveur d'une agitation quelconque , en se gardant bien , pour le moment , de laisser entrevoir la moindre nuance de partialité contre le patriarche. On s'occupe actuellement à épier ses fautes d'administration. On semble désespérer de le trouver en défaut du côté de la partie morale ; mais on diroit qu'ils sont les maîtres de faire tomber ce Nestor dans des pièges , et il peut aisément les déjouer , en mettant à la tête de tous ses bureaux , celui de ses chefs qui réunit à une philosophie soignée, une expérience réelle de l'homme dans ses

rapports civils , et qui lui présente journelle-
ment le tableau fidèle de la partie du méca-
nisme social , dont il est chargé , afin qu'il
puisse, d'une main sûre, en régler les mouvemens. Il est en trop belle situation pour
qu'il ait besoin d'écrire dans ce moment-ci :
son compte a fortifié les rayons de sa probité.
Je vois disparoître les nuages : laissons faire
le temps ; il ne lui reste qu'à bien tenir tous
les fils de son administration , et à en régler
l'exactitude d'après la pureté de son cœur.

Le seul cas pressant seroit que mon pays fût
éclairé dans la langue allemande sur l'importance de la révolution , par une feuille hebdo-
madaire ; les pauvres villageois, depuis Thion-
ville jusqu'à Landau , sont froissés entre le
fanatisme et l'aristocratie actuellement dégui-
sée ; ils marchent à travers d'anxieuses ténè-
bres : il est de la justice de les éclairer, et il
est de leur droit de s'y attendre. Je suis sans
cesse tourmenté par mes pauvres compatriotes
pour avoir des renseignemens ; cela me coûte,
me tourmente , et ne produit malheureuse-
ment qu'un effet local : c'est là où des traduc-
tions fidèles doivent porter l'évangile pur du
patriarche.

J'ai parcouru la dévotion *réfractaire :* elle
est encore stupéfaite et triple ses verroux ;
il en est de même de l'aristocratie nobiliaire.
Nous n'avons d'ennemis enragés que les vo-
ciférans des sections , des grouppes, la morgue

des bourgeois hupés ; le tout avivé par le parti anarchiste, qui attend son salut d'un mouvement ; mais ils en auront tous menti : çà ira ; vîte un bon maire et une bonne municipalité ! Le beau temps pareil à celui d'hier me fatigue, à cause des grouppes extérieurs. Il est si important d'intercepter les étincelles incendiaires au milieu d'un peuple crédule et tout-puissant, qu'il faut se mettre en quatre pour y obvier.

Copie d'une lettre écrite à la citoyenne Roland, *par* Gadolle.

18 Octobre 1792.

Je suis si bien secondé par mes cinq collégues actuels dans la direction du vrai esprit public, que mes adversaires commencent à désespérer ; les crieurs baissent le ton, et les rusés s'apperçoivent du ridicule de leurs efforts. Voici ce que je fais comprendre à tous à l'amiable. Votre patriotisme, d'une ardeur aveugle, vous égare au point que, par une injustice stupide, vous voudriez renverser la partie du ministère dénommée *faction Brissotine* : eh bien ! il faut que vous vous persuadiez qu'il ne dépend d'aucun parti de renverser le ministère ni un ministre, sur-tout dans l'état actuel des choses.

La Convention nomme à la vérité les ministres, mais ce n'est qu'à titre de corps électoral *ad hoc* seulement ; car si elle pouvoit à la fois choisir et renvoyer les ministres , elle seroit à la fois exécutrice et législatrice, puisque son pouvoir de renvoyer à son gré des ministres, rendroit ces derniers tellement dépendans de sa volonté , qu'ils n'agiroient que d'après elle ; il n'y a donc que la gravité d'une faute qui puisse l'autoriser à décréter la suppression d'un ministre , et dans ce cas , en nommer un autre.

Il seroit encore plus absurde de croire et d'espérer que tel ou tel ministre puisse être congédié à la faveur d'un mouvement public , occasionné par l'intrigue de quelques ambitieux , et soutenu par deux ou trois cents agitateurs adroitement disséminés ; car alors le vaisseau de l'État seroit dans une mobilité perpétuelle , vu qu'il y aura toujours des intrigans et des ambitieux. En un mot , les ministres une fois nommés appartiennent à la nation, et aucun parti ne peut les destituer ; il n'y a que leurs fautes qui puissent agir contre eux ; sans cela , il existeroit dans la république une autorité qui agiroit sans son aveu , et cette autorité seroit monstrueuse.

Pourquoi Roland a-t-il fait la lettre d'un Anglais ? parce qu'il l'a crue d'une utilité particulière à Paris ; mais il a alarmé Paris sur les intentions pures des vrais patriotes qui se dévouoient à l'exercice des vengeances utiles ; il a excité l'émigration et épouvanté l'immigration ; il a au contraire éveillé l'attention des honnêtes habitans de Paris sur ce qui pouvoit compromettre leur sûreté ; et pour ce qui est de l'immigration, cette supposition est oiseuse ; elle n'aura lieu que lorsqu'il y aura paix et harmonie dans la république ; au surplus, j'ignore s'il est l'auteur de cette lettre ; mais, dans tous les cas, elle feroit honneur à sa sollicitude pour l'intérêt public. Mais qu'a-t-on à reprocher à ceux qui ont suppléé au défaut des loix à l'époque du 2 septembre ? On a à leur reprocher d'avoir souillé une expédition si utile par des atrocités d'actions et de projets dont la connoissance fait horreur, à mesure qu'un jour insensible vient éclairer cette mémorable expédition ; c'est le crime qui a voulu arriver à ses fins à la faveur d'une bonne action. Mais voyez où en sont les subsistances sous un ministre aussi mâchoire ; (excusez, c'est le mot de ces Messieurs) n'a-t-il pas exposé Paris à mourir de faim par l'état actuel des farines ? La réponse de cette question appartient à vos administrateurs citadins, et quand je le verrai seul chargé de cette besogne, je lui donnerai tort ou raison ; je crois qu'il ne reçoit que des renseignemens à cet égard, mais qu'il n'agit pas. N'est-ce pas lui qui a conseillé la garde prétorienne ? Je n'en sais rien : il est philosophe ; il voit dans le futur contingent, et je ne crois pas qu'il veuille jetter de pareilles pierres d'attente ; au reste, il n'a pas de part ostensible à ce prétendu projet, et il seroit ridicule de le lui attribuer. Non, disent d'autres, il vient de l'insidieux Buzot. Dites de l'errable, mais probre et eclairé Buzot. Ces gueux avoient le projet ou de réussir, ou de transporter la Convention hors Paris ; ils ne sont pas gueux, mais assez prévoyans pour sentir que leur absence de Paris les isoleroit, les priveroit des lumières immenses dont cette ville les environne, des connoissances du moment, et qu'enfin nos frères les Jacobins, profitant à la fois et de ces lumières et de ce mouvement électrique d'une masse de citoyens, et enfin de tant d'autres circonstances avantageuses, deviendroient les dictateurs de la nation, etc. etc. Vous convenez que la faction Brissotine est savante : eh bien ! ne croyez pas qu'elle se compromette ; cette faction qui est la plus éclairée, fera le moins de sottises publiques et particulières. Buvons à la santé de la République, négligeons les personnes, guettons les actions nuisibles au bonheur géneral, et attendons notre bonheur de l'ordre prochain, et dans l'ordre. Garçon, apportez du vin de champagne ; noyons nos inquiétudes et contentons-nous d'ouvir des yeux attentifs en sages républicains. Ne vaudroit-il pas mieux voir l'habile Dumouriez à la tête du ministère de la guerre et du conseil, au lieu d'un Pache, ami de Roland ? Non. Dumouriez doit finir son opération, effacer par une conduite plus grave l'impression qu'a faite sa liaison avec Bonne-Carrère, son intrigue pour expulser Servan et le remplacer, sa trop grande facilité à composer avec nos ennemis, quoiqu'à propos, mais sans notre aveu, son voyage de Paris où je ne l'ai vu qu'aux Jacobins et au spectacle, au lieu de le voir à pareille heure au milieu du conseil général du pouvoir exécutif, qui, selon l'ordre, travaille le matin individuellement, dîne et se réunit en pouvoir le soir. Quand enfin il nous aura fait voir qu'il est devenu aussi grave qu'il a toujours été rusé, nous verrons ce que nous en ferons, etc. etc. Voilà mon bavardage actuel ; tirez-en ce que vous pourrez. Le fait est que je puis maintenant parler haut. Ma tâche me fatigue ; je me dépêche à en être quitte. Les hommes sont en général bêtes, et les plus sots sont ceux qui ont eu un succès déclamatoire pendant la révolution. Le diable n'y tiendroit pas : je me garde de l'homme à la pétition ; en public, il n'est pas de ma mesure pour agir. Je le verrai demain chez lui, afin d'en tirer un parti de circonstance ; un peu de patience, loyale citoyenne : çà ira.

Je vais à un rendez-vous très-important : à demain.

Copie de lettre non signée, écrite à Roland par le citoyen Gadolle.

Il est absolument vrai que l'esprit public

s'harmonie de plus en plus , et que l'esprit de parti reste distinct au milieu de la masse qui , il y a peu , faisoit *chorus* avec lui. Ce parti distinct n'ayant rien de personnel à proférer contre Roland , ni contre ceux dont la sévérité des mœurs ressemble à la sienne ; ce parti distinct , en un mot , s'en tient à glisser des prophéties contre les hommes à caractère dont il a tout à craindre et rien à espérer. Je ne vois donc que ce que l'on doit s'attendre à voir dans toutes les républiques ; c'est-à-dire, une action et réaction continuelle du vice contre la vertu , de l'ambition irritée, de la fausse probité qui est sur le point de se voir arracher le masque, et enfin de tous les atômes individuels dont la crédulité insatiable s'attache au parti qui crie le plus fort. Mais tout cela n'est plus rien ; car aucun trouble réel n'est plus possible ; et si le patriarche se voit encore harcelé indirectement par des hommes qui auroient dû lui rendre plus de justice , c'est que ces hommes veulent se ménager tous les partis ; et qu'un de ceux-là qui s'est exprimé si mal à propos dimanche aux Jacobins, est lui-même la dupe crédule d'un fin politique qui sent que le patriarche de moins dans le ministère , y seroit probablement remplacé par un ami ; de-là un contrepoids et une majorité après laquelle on soupire aux Jacobins, et à laquelle aspirent *peut-être* un ou deux de ses collègues. Qu'il aille son train d'une manière égale ; qu'il ne fasse attention à rien qu'à sa chose : tout sera forcé de se taire et de désespérer. Qu'il n'écrive sur-tout pas : la justice de sa cause feroit crier toute la vermine anti-sociale , et le diable n'en viendroit pas à bout. Il a le courage de la vertu : le silence lui sera facile ; mais si la pierre frappoit trop durement, il trouvera toujours des braves qui le défendront. Quant à moi , je ne vois plus rien que de très-ordinaire , à condition toutefois qu'il faut veiller et briser les idées venimeuses.

Gouchon est demandé par les commissaires qui vont à Nice. Il m'a vu deux fois hier, et m'a encore demandé un rendez-vous pour six heures ; je ne l'y ai pas trouvé.

Qu'on ne néglige pas d'exiger que les sections soient en nombre suffisant pour délibérer. Il n'y a quelquefois pas soixante personnes , dont dix par section sont du parti agitateur; le reste écoute et lève la main machinalement. Oh ! que ces fameux héros du massacre du 2 Septembre ont fait de mal pendant et depuis leur expédition ! J'ai prédit qu'ils ne réussiroient à rien dans le tems où toutes leurs batteries jouoient à-la-fois : que peuvent-ils faire maintenant ? Rien.

Bon jour , mes amis. Ce mardi matin.

Copie de la lettre non signée, écrite par Gadolle.

Je ne puis charger Gonchon de suivre l'orateur de cette tribune ambulante, dans la crainte qu'étant un peu contrarié, il ne prenne de l'humeur, et ne jette la tribune et l'orateur à dix toises au large ; de-là une scène, etc. Il se tait presque par-tout ; il écoute et médite un discours répressif des troubles, et calmant pour le peuple ; il lit ce discours dans ses sections, après m'en avoir fait part ; et peu-à-peu il le perfectionne pour être débité à la barre, selon l'utilité du temps.

J'eus hier le courage de suivre cet extraordinaire déclamateur dans tous ses mouvemens et dans ses relations, jusqu'à trois heures, où il vint enfin s'établir aux Tuileries. Assuré d'avance par son maître-de-quartier au collége d'Harcourt, qu'il avoit mené une vie si sâle et si prodigue que sa mère en étoit morte de chagrin ; que depuis il avoit mangé le reste, et qu'enfin il n'avoit rien dans ce moment ; assuré encore qu'il avoit fait de très-mauvaises études, et qu'il n'étoit que l'instrument déclamatoire de la poignée des serpens alimentés par un parti désespéré de n'avoir pu s'emparer des rênes de l'administration en général ; prévenu, dis-je, de cette manière, j'écoutai mon homme.

Je vais, dit-il, peut-être vous surprendre en vous ouvrant les yeux sur le compte de Pétion : (ici, après bien des bavardages, il a fini par simplement inculper Pétion, d'avoir écrit une lettre incivique aux amis de la constitution); de-là il a entamé Brissot à coups de dents, de griffes et de tout ce qu'il a pu; j'ai cru voir un insecte faire le tour d'un superbe diamant pour le ternir de son haleine, et finir par pisser dessus; le diamant sembloit en avoir acquis plus d'éclat. Une légère glissade sur Rolland devint le motif d'une rixe passagère : quelqu'un s'aventura de l'interrompre mal-adroitement sur cette morsure; des afidés le régalèrent de coups. Ma présence et celle de sept autres braves gens que j'avois avec moi, a servi à propos pour appaiser les esprits, faire voir le ridicule et les suites fâcheuses de pareils sermons. L'orateur lui-même alla dégager la victime de son venin, tandis que je profitai de ce mauvais résultat pour en couvrir l'auteur et ses agens, d'opprobre. Ce jeune homme déclame assez bien; mais tout est si confus, si incohérent, et enfin si corrosif, que les spectateurs ordinaires n'en peuvent emporter une idée distincte. Les sages haussent les épaules, et on auroit dit qu'il ne trouvoit point une pyramide assez élevée pour y exposer Robespierre aux regards des adorateurs qu'il s'efforçoit de lui créer. La crapaudière Marat est venue râler autour de cette tribune, et je crois que les agens du cauteleux Danton avivoient le tout.

Encore un peu de patience, l'esprit public fera justice de tout cela. Soustraction faite de toutes les idées qui s'entre-détruisent, il reste au profit de l'ordre un beau surplus.

Il n'y a de distinct contre l'ordre que trois ou quatre cents illuminés jacobins dont la dévotion est aussi franche que stupide; deux ou trois cents auxquels le résultat de la dernière révolution ne leur **a pas pro-curé** les emplois et les honneurs sur lesquels ils avoient trop évidemment compté. Leurs chefs également déchus, semblent leur dire : *Parvenez à faire déplacer tel ou tel ministre ; à discréditer tels ou tels députés ; nous prendrons le dessus, et vous serez heureux.* Quand j'en rencontre qui s'emportent trop, je les fais bien dîner, et je les vois devenir des moutons à mesure que leur estomac fait fortune. Ces gens m'embarrassent plus qu'ils ne m'inquiètent ; il suffit d'être parmi eux, pour réduire leurs efforts à zéro. Le bon sens déserte les Jacobins ; ce même bon sens n'a qu'à établir une autre société sous le nom *de républicaine* ; elle donnera le dernier coup de grace au résidu turbulent qu'elle a sagement laissé dans ce temple, ci-devant le salut public.

Demain la grande moustache (concierge

du Temple) vient dîner avec moi et quelques Marseillois du 10 août. Je leur ai en-
levé tous les braves. Ne craignez aucun
trouble effectif; attendez-vous à quelques
miaulemens de chats qui crient après la
pâtée.

Bon jour.

Votre mot d'hier m'est utile.

A propos, la soirée d'hier, depuis six
heures jusqu'à l'heure du gîte, a été une des
plus raisonnables que nous ayons eues depuis
très-long-temps : ça va.

Copie d'une lettre de Gadollé au citoyen Roland.

L'affaire des papiers trouvés aux Tuíleries
remit fortement le patriarche sur le tapis.
Dans la buvette à côté de l'assemblée, il y
avoit soixante personnes au moins. Cinq
agitateurs vouloient encore une fois le mordre
à belles dents ; mais ils ont senti pour le
coup que l'esprit public se lassoit de cette
persécution injuste. Trois de mes hommes
les contrarièrent adroitement ; leur raison
en entraîna d'autres, et enfin un citoyen de
Lille et un de Blois ont parlé haut à ces
agitateurs. Ils ont prouvé à la société que
c'étoit le ministre qui avoit le plus de caractère, à partir de sa lettre au roi, etc.
Mais , ont dit les agitateurs pourquoi

écrit-il tant ? pourquoi parle-t-il toujours de lui ? C'est, leur ai-je répondu paisiblement, que l'on n'a cessé de le tracasser par des affiches, des propos et des coalitions; c'est qu'enfin un parti, et sur-tout celui qui se dit le plus et l'unique patriote, en vouloit simplement à sa vie. Or, ne pas répondre, ne pas se débattre au milieu de pareilles persécutions, ce seroit être un homme sans ressort moral; et lui en vouloir pour cela, c'est découvrir la rage du vice contre la vertu armée. La société entière a pris une part raisonnable à ce débat, et mes cinq agitateurs ont été obligés de céder, la face couverte d'une honte muette. Voilà un fait qui m'a fait un grand plaisir; ailleurs l'esprit public prend un fixe assez consolant : c'est ici l'instant de le soutenir pour en accélérer la perfection.

Gouchon n'est point parti : il auroit fallu faire une espèce de cour à Collot d'Herbois et se dérolandiser auprès de lui. Il a préféré rester et j'en suis bien aise. Il a diné avec Kellermann, chez Santerre. Kellermann doit le mener avec lui et l'avancer, mais tout cela n'est que dans l'air. Panis lui a aussi fait sentir qu'il étoit *Rolandiste*. Celui-ci, qui heureusement n'a jamais cru me seconder dans mon objet particulier, mais seulement dans le pur motif du bien public, leur fait des sorties incroyables. Ils en ont peur comme de plusieurs autres sur lesquels ils comptoient le plus ; ils sont à bas ; il suffit de faire attention à leur manière de se relever.

Le patriarche peut aller son train ; le public ne prend plus de part aux calomnieuses lamentations de ces messieurs.

Les hommes qu'ils ont d'ailleurs à leur solde, péchent tant par la manière, qu'ils commencent à fatiguer ; ils sont réduits à eux-mêmes. La coterie qui a volé et fait tuer, s'agite seule. Quelques ambitieux ou jaloux souriroient peut-être à la démission du patriote, dont la place, occupée par un autre, donneroit plus d'espoir à l'admission de certains comptes au conseil. Danton n'en seroit pas fâché, etc. etc. Les masques tombent. Bon jour. Le mercredi.

J'ai encore un regret de ne pouvoir aller vous souhaiter le bon jour ce matin. Je vais causer un instant avec Grouvelle, dans votre quartier ; mais, à partir de demain, j'aurai mes coudées franches ; le reste ne sera plus qu'amusement pour moi. La chose publique va de mieux en mieux. Je suis satisfait ; quant à quelques crieurs, il y en aura, tant qu'il y aura des ambitieux, des jaloux et des fripons sur la terre.

Copie d'un interrogatoire ou déclaration du citoyen Gonchon

Du 24 avril 1793, l'an deuxième de la République une et indivisible.

Le citoyen Gonchon, mandé au comité de sûreté générale pour savoir de lui par quel moyen on avoit cherché à le séduire, ainsi qu'il paroît par une correspondance trouvée dans les papiers de Roland, a dit que le nommé Gadolle, rue de l'Arcade, chez un marbrier, est celui qui lui a donné un billet de 5o liv. le jour d'une pétition faite par lui à la barre ; que c'est le même Gadolle qui, souvent, a cherché à avoir des entrevues avec lui, et qui cherchoit à lui suggérer des discours et des démarches ; souvent le même Gadolle lui a donné de l'argent, lorsqu'il faisoit des démarches ; mais que jamais il n'auroit accepté ni exécuté aucune commission, s'il n'eût pas cru que ses démarches auroient un effet salutaire au bien public, et a signé.

Signé, GONCHON.

Pour copie conforme. P. LALANDE, Secrét.

Extrait d'une lettre adressée au citoyen Gadolle, Commissaire à Ostende, adressée à Bruges, datée de Paris, le 8 février 1793.

Vous me demandez des nouvelles de Paris : je vais vous satisfaire. Paris est toujours calme comme il l'a été depuis l'ouverture de la Convention. Le ministre Roland qui souhaitoit du trouble dans Paris, n'ayant pas pu y réussir, a fini par demander sa démission; et l'homme qui, trois jours auparavant, placardoit de vouloir vivre et mourir à son poste, finit trois jours après par le quitter Oh l'inconséquence des hommes ! quand on est de bonne foi dans une carrière politique, on est plus modestement pour le bien général, et on pense moins à soi qu'aux autres, etc. etc.

Je vous embrasse de tout mon cœur, et suis pour toujours votre confrère en liberté.

Signé, SALVADOR.

Copie d'une lettre du citoyen Barbaroux à la Citoyenne Roland.

Paris, le 19 octobre 1792, l'an
premier de la République.

CITOYENNE,

Je ne puis encore cette fois accepter votre agréable invitation ; j'ai donné depuis huit jours, ma parole au citoyen Rabaud, qui doit me faire dîner avec un chef des Belges : au premier jour je réparerai mes longs torts, en allant vous demander avec Rebecqui un dîner de famille.

Je transcris ici le passage d'une lettre qu'un homme de mérite m'écrit de Marseille.

Du 9 octobre.

« On avoit été très-affecté ici de la dé-mission du citoyen Roland. La raison qu'il donnoit de sa nomination à la Convention nationale, suffisante pour tout homme qu'on eût pu espérer de remplacer dignement dans le ministère, me paroisssoit foible pour celui qui y eût immanquablement laissé un vuide. Le seul moyen de remplacer Roland, étoit de lui donner Roland pour successeur ».

La même lettre renferme un plan d'attaque contre Constantinople, pour obtenir la réparation de l'insulte de la Porte, qui a refusé l'ambassadeur Semonville ; mais vous sentez bien que je ne vous le communiquerai pas, car Danton ne veut pas que vous soyez ministre.

Je vous présente mes hommages respectueux.

Signé, BARBAROUX.

Copie d'une autre lettre du citoyen Barbaroux à la citoyenne Roland.

Paris, le 29 décembre 1792, l'an premier de la République.

Permettez, Citoyenne, que je vous recommande définitivement le courier Aubert, qui n'ose plus se présenter devant vous, depuis qu'il a mal-adroitement transformé Rebecqui de liquoriste en marchand de vin de Bordeaux.

Vous saurez que M. Roland s'est fait voleur de bois dans les maisons des émigrés : c'est ce qu'on publie dans les cafés. Aubert, en Marseillais, soufflette les diseurs de bons mots. Il fut attaqué hier par quatre d'entr'eux ; on lui donna un violent coup de bâton, mais il mit les assaillans en fuite à grands coups d'une banquette ou sellette de décroteur.

Hier nous fûmes avec Buzot et Salles au club des Marseillais ; bien nous en prit : trois députations de trois sections les travailloient. Jamais Buzot n'a parlé avec plus d'éloquence ; il tonnoit, il attachoit à lui tous les cœurs ; son ame toute entière se peignoit dans son discours ; Buzot peut dire à présent : j'ai un bataillon d'amis.

Plusieurs estimables citoyens de Marseille m'ont recommandé un citoyen auquel vous pouvez rendre service. Pardonnez-moi de toujours vous solliciter, mais vos bontés m'y autorisent. Frison étoit courier de Lyon à Marseille ; dans un voyage, il a perdu ou il lui a été vollé un pli renfermant des assignats : il a commis trois fautes ; 1°. il n'a pas compté les paquets, lorsqu'ils lui ont été remis à Valance ; mais l'usage constant des couriers a toujours été de s'en rapporter à la bonne foi des commis des postes qui leur remettent le sac. 2°. Il a admis des voyageurs dans sa voiture ; mais l'usage constant des couriers est d'en recevoir. 3°. Enfin il a abandonné un moment sa voiture , pour se placer dans une chaise de poste qui suivoit la malle ; mais il étoit malade , et ne pouvoit supporter le mouvement de la brouette. Sans doute il a commis de grandes fautes : mais , pendant quatorze années de service, voilà les premières ; et son père , depuis trente-seps ans, sert avec zèle l'administration des postes. Ces fautes coûtent 3.000 liv. à l'administration ; Frison consent à les payer : cette punition est assez forte , mais qu'on ne lui enlève pas sa place. Je vous garantis par le témoignage des meilleurs citoyens de Marseille , que Frison est un bon et honnête citoyen. Veuillez donc vous intéresser à sa cause : un mot de votre part peut tout accommoder. Recevez , citoyenne estimable , mes hommages respectueux et fraternels. *Signé* , BARBAROUX.

Copie d'une lettre de Brissot à la citoyenne Roland.

Je souhaite bien le bon jour à madame Roland ; je lui adresse le brave Goussier, a qui j'ai communiqué l'arrangement qu'elle faisoit pour lui ; c'est-à-dire, une ou deux chambres, cinquante écus par mois, et la promesse d'une place quand l'occasion s'en présentera. Ce respectable savant en est très-content ; mais surtout il tiendroit à avoir le logement, à cause de la nécessité de consulter M. Roland. Je rappelle à Mme Roland qu'il aura besoin qu'on lui fassse , dès le premier jour , l'avance des premiers cinquante écus. Mille amitiés.

Ce mardi. *Signé* , J. P. BRISSOT.

Copie d'une autre lettre du citoyen Brissot , à la citoyenne Roland.

Je souhaite bien le bon jour à la respectable madame Roland. Je n'ai pas cru devoir imprimer sa note , parce que ma réclamation , déjà imprimée , la rend inutile. --Je ne puis avoir le plaisir de dîner avec les amis jeudi , parce que nous avons, ce jour-là, un dîner régulier et où j'espère que l'ami Roland voudra bien venir. M. Clavière s'y rend, et, ou lui, ou moi, nous prendrons M. Roland demain à quatre heures au plus tard. Je serai libre samedi et aux ordres de madame Roland. *Je lui envoie, pour son mari et pour Lanthenas , une liste de patriotes à placer ; car il doit toujours avoir une pareille liste sous les yeux, --Tout aux amis.*

Signé , J. P. BRISSOT.

Copie d'une lettre d'un député à la Convention , sans signature , écrite à Roland.

Hier , il étoit mention de vous à la tribune de la Covention nationale ; les orateurs se montrèrent peu philosophes , moins encore républicains.

D 4

Il fut dit à la tribune qu'on ne pouvoit, sans offenser la majesté du peuple, sans anéantir, ou tout au moins sans affoiblir la loi de la responsabilité, inviter un ministre utile à garder ses fonctions. On appuya ce raisonnement futile par des traits dérobés à l'histoire.

Un citoyen sapa la première partie de ce discours par des faits que l'histoire nous a transmis. Il représenta avec une éloquence douce et vraiment philosophique, que la République française pouvoit, sans inquiétude, imiter les peuples d'Athènes et de Rome dans les jours de leur gloire.

Le même citoyen prouva que la Convention, rappellant l'homme de bien à son poste, ne portoit aucune atteinte à la responsabilité du ministre; mais, par les ressorts secrets d'une éloquence perfide, on obtint l'ordre du jour sur ces deux questions. Qu'elle est funeste, bon dieu, l'éloquence des mots! comme elle outrage la République!

Un orateur enfin confirma l'ordre du jour, en observant que la démission du ministre de l'intérieur n'étoit qu'éventuelle, et qu'on ne pouvoit délibérer sur cet objet; qu'alors qu'il auroit été décidé par la Convention, que la nomination du député qui remplace le citoyen Roland est vicieuse et nulle.

Pendant ces longs débats, l'homme sage gardoit le silence; car le moyen d'anéantir les décrets de l'intrigue ? Pendant ces débats donc, un citoyen disoit : voilà, pour le ministre de l'intérieur un moment remarquable ; c'est le triomphe de sa gloire ou le trépas de sa renommée. La nation le regarde : la nation le jugera. Si Roland déserte son poste, que pensera la nation du ministre de l'intérieur ? La nation dira que ses foibles moyens ont sans doute desservi la chose publique ; car, si le ministre de l'intérieur avoit, par ses talens et ses vertus, bien mérité de la patrie, nul doute qu'il pouvoit mériter encore ; et si le ministre pouvoit, par ses vertus et ses talens, aider la fortune de la république, de quel droit, sans avoir attendu l'ordre de son général, le citoyen Roland est-il sorti de faction ?

Voici quel étoit mon projet de décret : on ne voulut pas l'entendre.

Citoyen Roland, songe profondément à sa démission avant qu'elle arrive.

Sache que l'homme vraiment libre et capable de servir sa patrie, meurt tranquille au poste où la confiance publique l'a placé.

Je suis, avec le plus fraternel attachement,... député à la Convention nationale.

Paris, 3o octobre 1792, l'an premier de la république Française.

*Copie d'une lettre écrite à Roland par Vitel,
député, commissaire à Lyon.*

Citoyen et ami,

Le parti Challier vient de triompher : les officiers municipaux nommés sont de leur choix : jugez ce que pourra le malheureux Nivière au milieu des tempêtes qui s'apprêtent. Les Danton, Robespierre, etc., sont certains de faire mouvoir les Lyonnois dans le sens qu'ils voudront ; ils n'éprouveront aucune résistance de la part du nouveau département, dont rien n'égale la foiblesse du côté des lumières et du courage ; le district sera vraisemblablement composé comme le département. Enfin leurs vœux sont accomplis : ils sont maîtres, à moins que les bons citoyens ne se réunissent pour s'opposer avec force aux maux affreux dont ils sont menacés. N'attendez aucun secours des *négocians et des ci-devant nobles* ; ils sont si bêtes, qu'ils se laisseroient égorger les uns après les autres, plutôt que de se réunir et de donner de l'ouvrage et du pain aux ouvriers que la misère accable. Ils ne savent pas, les egoïstes qu'ils sont, que leurs propriétés et leurs personnes ne sont point en sûreté, tant que l'ouvrier est affamé.

Au nom de la patrie et de l'humanité, daignez, je vous en conjure, venir promptemeat au secours des pauvres habitans de cette ville ; plus ils travailleront , moins ils seront portés à nuire à la tranquillité publique.

Agréez les assurances de la plus intime fraternité.

Au citoyen Roland, ministre de l'intérieur.
Ce 19 novembre 1792 , l'an premier de la république Française.

Copie d'une lettre du citoyen Louvet.

oui , au moment où les prétendus commissaires des 48 sections de Paris venoient de présenter leur pétition contre la force armée , et comme je sortois de la séance , j'ai entendu *Santerre,* qui sortoit aussi , dire à haute voix à plusieurs personnes qui l'environnoient, à-peu-près ceci : quoi ! cela vous étonne ? quoi ! vous vouliez que cette assemblée comprenne les vérités fortes qu'il y a dans cette pétition ? mais pas du tout : vous voyez que ces députés ne sont pas à la hauteur de la révolution. Vous entendez bien : ça arrive de 50 lieues , de 100 lieues , de 200 lieues ; cela ne comprend rien à ce que vous dites. Oui, vous pouvez assurer que j'ai entendu cela. *Signé* J. B. LOUVET,

Vendredi , l'an premier de la République.

Copie d'une lettre du citoyen Pétion, à laquelle on ne doit attacher aucune importance.

Salut et amitié. J'ai remis hier une lettre anglaise que M. Clavière a lue, et qu'il a sans doute laissée sur le bureau de madame Roland : je vous prie de vouloir bien la remettre au porteur. *Signé*, PETION.

Copie d'une lettre écrite à M. Lacuée, Président de l'assemblée législative, et trouvée parmi les papiers de Roland ; ladite lettre timbrée de Versailles.

MONSIEUR LE PRÉSIDENT ,

C'est pour vous prévenir de ce qui se passe au sujet du prince royal. Les femmes qui l'entourent, lui empoisonnent l'âme de principes inconstitutionnels ; on lui dit à tout instant que tout ce qui compose l'assemblée nationale sont tous des monstres et des factieux, et que toutes les personnes qui sont patriotes sont ennemis de son papa, de sa maman et de lui.

Voilà ce que la gouvernante, sous-gouvernante, première femme et femme ordinaire ne cessent de lui dire à la journée. J'ai l'honneur de lui appartenir, et ils me croient comme eux aristocrate ; et, pour y conserver sa place, il faut y jouer ce rôle-là. Nous ne pouvons faire

un pas , qu'il n'y ait cent espions après nous ;
sans cela, il y auroit long-tems que j'aurois
été vous prévenir. L'on renvoie petit à petit
tous les honnêtes gens qui se sont montrés
citoyens.

Voilà la vérité du fait ; si M. le président
veut avoir la bonté de se faire informer du fait,
le fils et une partie de la famille de la gouvernante sont émigrés ; je puis vous jurer que le
roi ne trempe pas dans ce complot, et qu'il
ignore le mal que l'on fait à son fils ; le prince
est trop instruit pour son âge , mais mal instruit : il est grandement temps qu'il sorte de
ce gouffre de vipères.

Je prends la liberté , M. le président, de
vous annoncer cette vérité en vrai citoyen ,
et que je suis obligé d'étouffer mon civisme
dans le fonds de mon âme , ainsi que de vous
dissimuler mon nom ; il n'est que moi qui
n'est pas libre : il me faut soutenir ma famille.

Sans signature.

Copie d'une lettre écrite à Roland par Montesquiou.

M. Gosse vient de me remettre , Monsieur,
la lettre que vous m'avez fait l'honneur de
m'écrire. Je venois de signer la convention
pour l'évacuation des Suisses et pour la retraite
de l'armée française. *J'ai su dès le principe de
cette affaire, que mes principes étoient d'accord
avec les vôtres ; et cela m'a confirmé dans l'opinion que j'avois.*

Je n'ai l'honneur de vous connoître que par votre conduite publique, et j'ai conçu la plus profonde estime pour vous ; recevez-en l'hommage, Monsieur : il est inséparable de celui d'un attachement inviolable. Le général des armées des Alpes. *Signé*, Montesquiou.

Au camp devant Genève, le 22 octobre 1792, l'an premier de la République française.

Copie d'une lettre écrite par Roland à son épouse, et qui n'a été imprimée que parce que M. Roland l'a desiré, et qu'elle avoit été mise dans les papiers publics.

Je t'envoie, mon amie, des choses que j'ai écrites au milieu du trouble et de l'agitation, mais dont je suis pénétré, et qu'il faut dire que ce n'est que par un grand caractère, et beaucoup de force que nous résisterons. Si nous molissons, tout est perdu. Si nous périssons, il faut que ce soit avec gloire, et notre chûte sauve la chose publique, ce qui n'arriveroit pas, si je ne dévoiloit par l'état des choses, le danger où nous sommes.

L'on est parti ce matin, sans que je l'aye su ; c'est toi qui me l'as appris.

Je n'ai reçu de réponse ni de la section, ni de la municipalité. Je vais faire faire tes invitations. J'ignore si Bancal a parlé hier au s.... j'ai seulement su qu'on y avoit prêché et applaudi l'insurrection aux lois et le meurtre des hommes.

Je dînerai ou chez madame Dod....ou aux postes.

Je crois qu'il est nécessaire que tu viennes ce soir ; en attendant, lis ce que je t'envoie ; ensuite donne des ordres pour la voiture.

Il faut observer qu'une des causes du désordre dans Paris, est que le conseil de la commune, qui n'a que le droit de conseil, s'est arrogé l'exécution qu'a exclusivement la municipalité, non encore la municipalité entière, qui a aussi son conseil, mais seulement le bureau, qui est comme le directoire des corps admidistratifs, qui ont exclusivement l'exécution déterminée par les conseils.

Note particulière apposée par Roland, après le procès-verbal.

Cette note écrite à ma femme, qui étoit alors à Mousseau, sans date et sans signature, fut écrite vers le milieu de Septembre, dans un temps de trouble et d'agitation, où l'assemblée législative m'avoit ordonné de lui rendre compte de l'état de Paris ; ce que je fis peu de jours après : elle ordonna l'impression de ce compte.

Copie d'une lettre écrite par Leregnier à Roland.

J'ai parlé ce matin à Lanthenas d'une personne que je croyois plus convenable que Chaussard pour la rédaction de la Sentinelle, et me disposois à vous faire passer son ouvrage , lorsque j'ai reçu cette lettre de Chaussard , pour vous l'adresser.

Lavallée , auteur de ces voyages , a passé nombre d'années dans les cachots où ses parens l'ont plongé pour envahir sa fortune. Il en est sorti en 89 ; aussi chérit-il la liberté.

Vous verrez qu'il sait en parler le langage ; et , pour économiser votre temps , voyez l'article Versailles et le portrait de Lafayette servant de note à l'article Nancy. Je vous prie d'en causer avec Lanthenas , et de nous donner réponse , la Sentinelle ayant déjà été trop suspendue. *Signé ,* Leregnier.

Copie d'une lettre écrite à Roland , le 15 *Octobre ,
par la dame Lafayette.*

Je vous rends graces , Monsieur, du rayon d'espérance que vous faites luire dans mon cœur , si peu accoutumé depuis long-temps à ce sentiment : rien ne peut ajouter à la fidélité que je dois à ma parole et aux administrations qui s'y fient; l'excès de la douleur ne pouvant même me donner la pensée d'y manquer; mais

la

la lueur d'espoir que me donne votre lettre, rend ce devoir un peu plus supportable.

J'ose compter que vous ne m'oublierez pas, et je commence déjà à éprouver quelque chose du sentiment de reconnoissance que je vous ai promise, si vous obtenez que je sois délivrée et rendue à ce que j'aime, et à l'espérance de goûter quelque consolation en lui en offrant.

Signé, NOAILLES LAFAYETTE.

Copie d'un avertissement ou projet donné à Roland : moyen d'abattre le systême de désorganisation et les ravages du comité de surveillance de la commune.

Ce comité, tel qu'il avoit été composé dans le moment de la révolution du 10, de certain nombre de membres du conseil général, auroit suivi l'impulsion de la révolution, sans faire le mal, sans avilir la commune.

Mais M. Panis, administrateur de police, qui n'est qu'un instrument dévastateur, à ce qu'il paroît, trouvant que les commissaires de section composant ce comité de surveillance n'étoient point révolutionnaires dans son sens, surprit au conseil générel un arrêté qui l'autorisoit à s'adjoindre tels citoyens qu'il jugeroit à propos, pour composer ce comité de surveillance.

E

D'après cet arrêté, il renvoya tout le comité, mit le scellé sur les portes, s'adjoignit Marat, Duplain, Fréron, etc.

Et le lendemain, commença l'expédition des prisons.

Ce ne sont donc point les représentans des sections, ce ne sont point des membres du conseil général qui commettent tous les abus d'autorité, toutes les vexations qui avilissent la commune de Paris, jettent l'effroi dans l'ame des gens de bien, et les empêchent de se rallier.

Ce sont Marat, Duplain, Fréron, et gens d'un caractère sanguinaire qui, en général, dans leur surveilance, ne font qu'exercer des vengeances particulières.

Le remède, pour le moment, et en attendant une nouvelle organisation de la municipalité, est donc de détruire ce comité de surveillance ; et le conseil général et les sections verront avec plaisir qu'on ne le compose que des représentans de la commune. C'est un palliatif au moins qui paroît très-instant ; car Marat dit tout haut qu'il faut encore abattre 40,000 têtes pour assurer le succès de la révolution.

A la vérité, le nouveau comité pris dans le conseil général peut exposer à quelques chances qui auroient leurs inconvéniens : il n'y a plus guère que du patriotisme et point de lumiéres, depuis que certain nombre ont obtenu des emplois du pouvoir exécutif, et qu'il est sorti vingt-quatre de ces membres pour aller dans les départemens où la plupart font des sottises.

Mais encore vaudroit-il mieux former un comité de surveillance dans ce qui reste, que de laisser une dictature effroyable entre les mains de Merat, etc.

Peut-être vaudroit-il mieux demander un nouveau commissaire de chaque section pour former ce comité.

Peut-être encore vaudroit-il mieux qu'il n'y en eût plus du tout dans la commune, et que celui de l'assemblé nationale s'entendît avec les comités des sections, etc. du moins pour le moment.

Cela demande des réflexions, mais les lumières de Monsieur le ministre de l'intérieur lui suggéreront ce qui conviendra.

Pendant cette nuit, j'ai communiqué à une douzaine de membres du conseil général mes réflexions ; ils m'ont paru effrayés de se voir sous le couteau des assassins ; ils devoient cependant se trouver avec moi au comité de surveillance de l'assemblée nationale, et ils n'y ont point paru.

J'ai vu tous les ressorts pendant douze jours que j'ai été membre du premier comité de surveillance , et je prie Monsieur le ministre de l'intérieur de prendre en considération cette note.

Signé , F. CHEVALIER SAINT-DIZIER.

10 Septembre.

Si M. Roland avoit une idée à me donner, je pourrois faire prendre un arrêté en conséquence, *et provoquer la même mesure dans toutes les sections.*

La Société a arrêté , dans sa séance du l'an second de la République, que le discours ci - dessus sera imprimé et envoyé aux sociétés affiliées.

Signés , DUBUISSON, *Vice-Président* ; JAY, DUQUESNOY , *députés* ; COINDRE , CHAM-PERTOIS , PRIEUR , *Secrétaires.*

De l'Imprimerie Patriotique et Républicaine, rue St-Honoré , n°. 355, vis-à-vis l'Assomption.

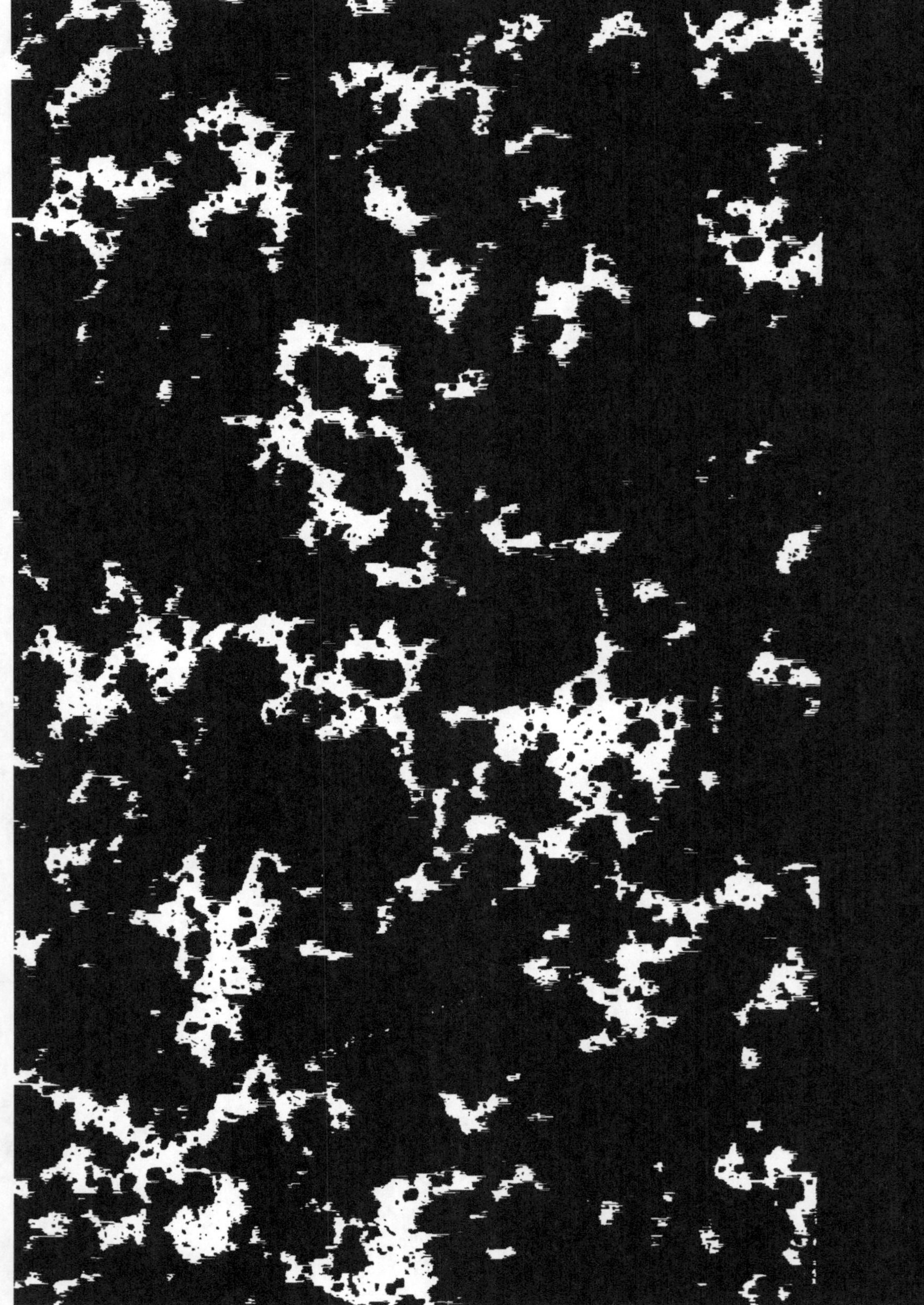